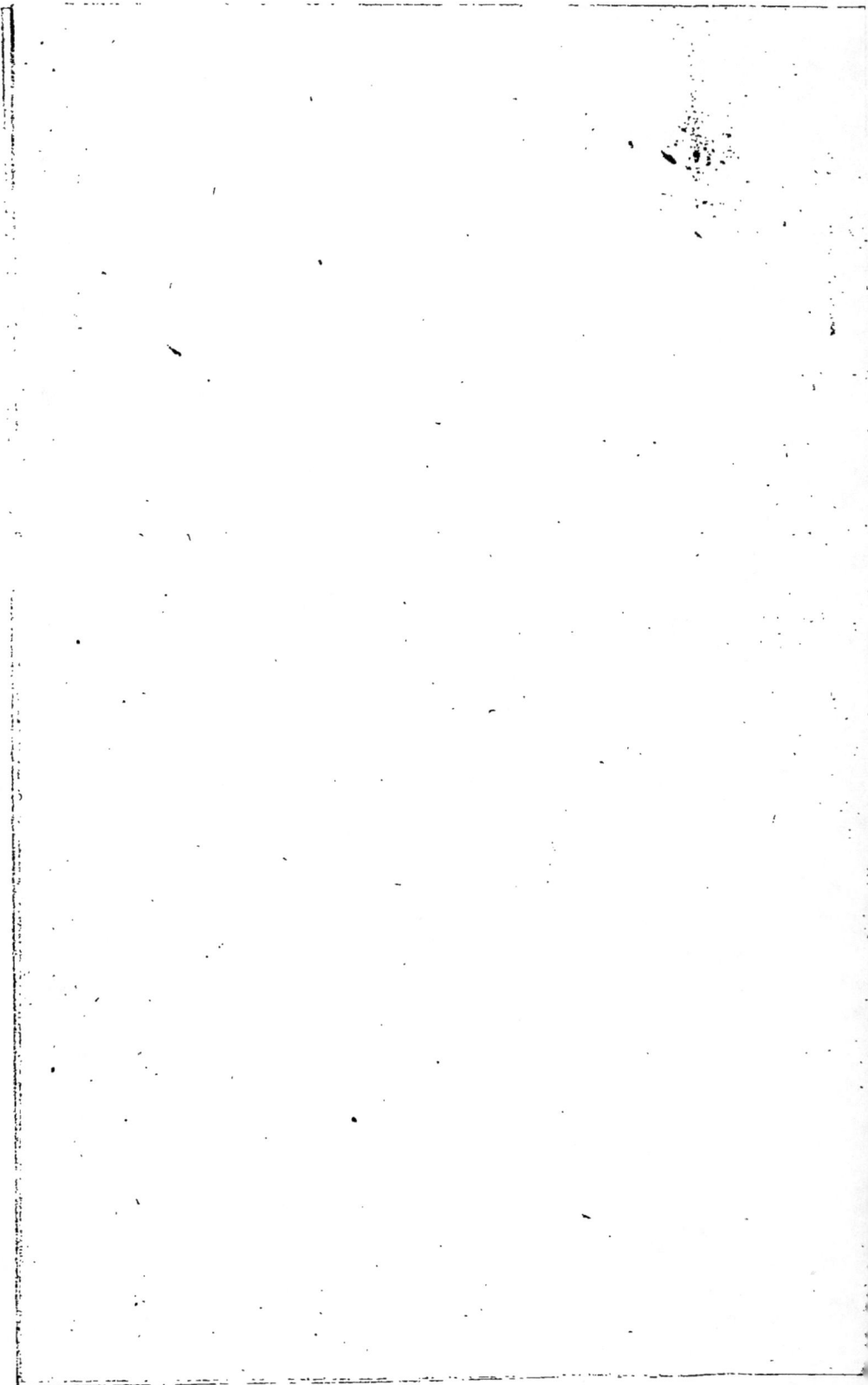

VIE

D'EDME BOUCHARDON,

SCULPTEUR DU ROI.

A PARIS.

M. DCC. LXII.

ELOGE

HISTORIQUE
D'EDME BOUCHARDON,
SCULPTEUR DU ROI.

Lû à l'Académie de Peinture le 4 Septembre 1762.

MESSIEURS,

JE ne puis différer plus long-temps de rendre justice à un homme que je regardois comme mon ami , & auquel j'ai de véritables obligations par rapport aux arts. La vivacité du sentiment n'a

A

ÉLOGE HISTORIQUE

ÉLOGE HISTORIQUE

cherché que l'occasion d'éclater.
Il est vrai que la réputation du
grand ARTISTE que nous regret-
tons, étant principalement établie
sur des ouvrages qui parleront
toûjours à la postérité, sa vie ne
cessera jamais d'intéresser les artistes & les amateurs : mais, dans
une perte récente, à la vue du
tombeau d'un homme chéri, &
digne d'estime, la douleur s'exprime avec plus de force ; &
quoiqu'elle ne soit aidée ni de
l'esprit ni de l'étude, elle se fait
écouter avec plus d'intérêt. Une
autre raison autorise mon em-
pressement. Je vous ai entrete-
nu, il y a quelque temps, des
devoirs d'un Amateur ; je dois

les remplir plus exactement que tous mes confrères. Eh ! quelle autre reconnoiſſance peuvent-ils vous témoigner de les avoir admis parmi vous , que celle de vous rendre juſtice, & de vous célébrer , quand ils ont eu le malheur de vous perdre ? Les deux ordres qui forment votre COMPAGNIE, ſe réuniſſant pour concourir au même objet , les uns doivent travailler à l'honneur des arts , les autres à l'honneur des artiſtes.

JE vais vous préſenter ſous deux aſpects , celui que vous regrettez, & qui fait tant d'honneur à votre École. Je vous montrerai en lui l'homme & l'artiſte ;

c'eſt-à-dire, que je ferai la peinture de ſes mœurs, & celle de
ſes talens. Ces deux objets ont
concouru dans cette occaſion à
former un homme d'un mérite
véritablement rare. Ce tableau
eſt difficile, mais le ſentiment
donne des forces ; il poſe la
nature devant moi. Souvenez-
vous, pour mon excuſe, qu'on
ne la copie pas telle qu'on la
voit, & qu'elle eſt toûjours ſu-
périeure à ſon imitation.

EDME BOUCHARDON na-
quit au mois de novembre 1698,
à Chaumont en Baſſigni. Il étoit
devenu l'aîné d'une très-nom-
breuſe famille, réduite aujour-
d'hui à une ſœur, qui a épouſé

M. Girard, établi à Paris, & que
BOUCHARDON a institué sa
légatrice universelle : il avoit eu
un frère cadet, qui suivoit également la profession de sculpteur ;
& les grands exemples qu'il avoit
eus long-temps devant les yeux,
faisoient espérer des succès,
quand la mort l'enleva, à la fleur
de son âge, en Suède, où il
avoit été appellé pour les travaux de cette cour. La fortune
de leur père étoit honnête, &
sa probité encore plus grande.
Il professoit la sculpture & l'architecture dans sa patrie ; & j'ai
vu de ses desseins, en ce dernier
genre, qui n'étoient pas sans
mérite, & qui faisoient juger

que s'il eût été élevé dans le centre des arts , il s'y fût diſtingué. L'éducation qu'il donna à ſes enfans , & ſurtout à l'aîné , eſt une preuve certaine de ſon jugement & de ſon bon eſprit. Après lui avoir fait faire ſes premières claſſes , il lui permit non ſeulement de ſuivre le penchant qui l'entraînoit vers le deſſein, mais il entretint & nourrit le goût pour les arts qu'il voyoit tous les jours ſe développer dans ce fils chéri. La peinture fut pendant quelque temps l'objet de ſes vœux. Il fit pluſieurs copies , mais ſans interrompre ſes études , d'après la nature , ſon père faiſant la dépenſe de lui payer tous les jours un modèle : cette habitude de la nature eſt le plus grand avantage d'un artiſte. Mais à quel dégré cet avantage doit-il parvenir, quand il eſt joint à une diſpoſition naturelle, & que l'on met cette heureuſe nature en état de pratiquer ce que Pline dit d'Appelle, qu'Il ne paſſoit aucun jour ſans deſſiner, *Nullus dies ſine lineâ* (*a*)! Auſſi, j'ai vu des deſſeins du grand artiſte dont je vous entretiens, faits à Chaumont, avant ſon arrivée à Paris, dans leſquels on diſtinguoit déjà ce beau crayon, ce trait aſſuré, & ce bel accord que nous avons

(*a*) Lettre XXXVI.

vu se perfectionner & s'élargir à proportion des connoissances qu'il ne pouvoit manquer d'acquérir à Paris & à Rome.

L'AMOUR de l'art est le premier devoir d'un artiste. Il doit non seulement l'entretenir, mais en être pénétré, & tout aussi occupé qu'un jeune homme qui poursuit les faveurs d'une maîtresse difficile. Ces dispositions sont rares à trouver, je l'avoue; mais elles seroient plus communes, ou plus suivies, si l'on s'attachoit à persuader aux jeunes gens que cette maîtresse sera toujours reconnoissante à proportion de l'attachement qu'on aura eu pour elle.

BOUCHARDON jouiſſoit
dans ſa province d'une réputation dont un homme de ſon
caractère auroit pû ſe contenter,
vivant honnêtement, dans une
famille unie, avec un père qu'il
aimoit tendrement. Cependant
il quitta volontairement une ſi-
tuation d'autant plus attrayante,
qu'elle convenoit à la ſimplicité
de ſes mœurs & à la douceur
de ſon caractère, pour venir ſe
perfectionner, à Paris, dans la
ſculpture, à laquelle il étoit déterminé de conſacrer ſa vie &
ſes talens. En conſéquence, il
entra chez M. Couſtou le cadet ;
il ne pouvoit être à une meil-
leure école. Auſſi, je le vois ſur

vos regiftres remporter le grand prix le 29 Août 1722. Ayant mérité la penfion que les bontés du Roi accordent à ceux que vous jugez capables d'aller étudier à Rome, il partit peu de temps après ; & ce fut là que les chefs-d'œuvre de la Grèce l'accueillirent, & lui parurent avec l'éclat qui les environne, appuyés fur l'élégance, l'accord, la jufteffe, la précifion, & la convenance dans toutes les parties conféquentes de l'âge, de l'expreffion, & du caractère.

La facilité du deffein que BOUCHARDON avoit acquife dans fon enfance, la familiarité avec la nature, qu'il regardoit comme fon véritable appui, le mirent bien-tôt en état de deffiner les plus beaux morceaux qui nous reftent des fiècles heureux de la Grèce & de l'Italie, de les rendre au crayon de leur grandeur naturelle, & de s'en pénétrer. Livré avec ardeur à l'antique, aux grands maîtres modernes, & à la nature, il fçut en quelque façon s'approprier le talent des Anciens, le retrouver fur la nature, diftinguer le beau choix, les fufpenfions, les laiffés, le prononcé, enfin les licences, qui font la bafe du goût, & dont la diftinction eft fi difficile à faire. Raphaël & le Dominiquain furent également

ſes modèles & l'objet de ſes
études. Tant de ſoins méritoient
d'être récompenſés ; auſſi , étoit-
il en état d'exécuter le plus grand
comme le plus petit objet , avec
une égale faƈilité & un égal dégré de perfeƈtion. Les pierres
gravées du Cabinet du Roi , qu'il
a bien voulu deſſiner pour moi,
en ſont une preuve : ce beau re-
cueil eſt conſervé dans la riche
colleƈtion de M. Mariette , à qui
je l'ai donné. Je dois dire , au
ſujet de ſon deſſein , que quand
il travailloit d'après la nature, il
s'échauffoit, il s'enflammoit, il ne
voyoit qu'elle ; & qu'il la voyoit
avec cet enthouſiaſme & ce feu
que les Anciens croyoient com-

muniqué par le Trepied facré.
Souvent, fans avoir befoin de
reprendre ou d'effacer, il deffi-
noit avec tant de fûreté, que le
trait d'une figure entière partoit
fans interruption depuis le col
jufqu'au talon. On ne peut rendre compte du nombre des Études qu'il a faites dans tous les
genres, à Rome ; il eft certain
que par goût & par raifon, il en
fit fa principale occupation pendans fon féjour. A fon retour d'I-
talie, il avoit tapiffé l'attelier
& le logement qu'on lui donna
dans le vieux Louvre, de quel-
ques-uns de ces grands morceaux
deffinés d'après l'antique ; & l'on
peut affurer que cet appartement

étoit bien meublé. Vous en avez jugé, MESSIEURS, & vous fçavez que ces deffeins étoient remplis de toutes les belles parties qui font admirer la Grèce, à proportion du dégré des connoiffances qu'on a été à portée d'acquérir par les circonftances, & de fentir par une difpofition naturelle. Vous croyez bien que je ne confonds point ici, par rapport à ce goût pour l'antique, ceux que la prévention conduit, qui, pour fe donner un air fçavant & profond, affectent de l'eftimer fans le connoître. Je parle de ceux qui font en état de rendre raifon de leur admiration, & qui font capables de balancer les beautés

& les défauts inféparables de toute production humaine. Les copies de BOUCHARDON, ou plûtôt fes études, n'étoient pas feulement recommandables par cette précifion de trait, qui fait tant d'honneur aux Grecs ; mais les détails intérieurs étoient ac-compagnés de la réminifcence, & du fentiment de la chair & de la nature. La peinture, qu'il avoit pratiquée dans fon enfance, s'é-toit imprimée en lui. Cette Mufe n'oublia jamais les foins qu'il lui avoit rendus, & s'eft toujours montrée reconnoiffante. Avec quelle ardeur me parla-t-il quelques heures avant fa mort, au fujet d'un deffein que je lui

portai , de la chair , des paſ-
ſages des ombres & de la lumiè-
re? Pénétré de ſon art juſqu'à ſon
dernier inſtant , & toujours vif à
cet égard , comment en parloit-
il ? Que de ſentiment & de chaleur il ſçavoit communiquer à
ceux qui l'entendoient ! Ce ſou-
venir me conduit à vous préſenter les idées que je puis avoir ſur
l'avantage & l'utilité du crayon,
par rapport au ſculpteur : ces
réflexions ne peuvent trouver
une place plus convenable, que
dans la vie d'un des plus grands
& des plus beaux deſſinateurs
que la ſculpture ait produit.

L'ÉBAUCHOIR, le premier,
& le plus grand inſtrument que la
ſculpture

ſculpture puiſſe employer , ſoit
pour compoſer , ſoit pour terminer ; l'ébauchoir , dis-je , ne
perdra rien de ſes droits ; mais il
ne peut être comparé à l'avantage du crayon : ainſi , ſans lui donner aucune excluſion pour les parties auxquelles il eſt abſolument
néceſſaire , on peut aſſurer qu'il
ne peut être mis en parallèle
pour la compoſition , à la facilité que donne le crayon ou la
plume à ceux qui ſçavent les
manier : car il ne s'agit que du
moyen , & nullement du plus ou
moins de perfection ; & celui-ci préſente non ſeulement
la figure que l'on cherche avec
une extrême diligence , & ſans

B

aucune autre préparation ; mais il fournit à l'auteur cette même figure fous un nombre infini d'af-pects qui ne fe perdent point, & qui peuvent fe comparer. Le même avantage, & un plus grand encore, fe trouvera dans l'or-donnance d'un bas-relief : car, un homme qui penfe fon art, deffine pour l'objet qu'il eft dans l'habitude de traiter : ainfi, le deffein du fculpteur fe trouvera néceffairement entendu & fait pour le bas-relief, genre d'ou-vrage que le peintre ne pourra que foiblement indiquer, & fou-vent point du tout ; tandis que le fculpteur qui fe fera rendu le crayon facile, fera capable d'ex-

primer à fon gré cet air qui tou-
che, & que la fculpture de ronde-
boffe trouve fans aucun fecours.
Cette bafe générale de la nature
intéreffe également les deux arts,
& demanderoit une differtation
particulière. Sans nous en occuper ici , je crois que l'habitude
du crayon conduit plus aifément
le fculpteur à l'expreffion moins
chargée du caractère & des mufcles, au fentiment de la peau ,
enfin , à l'harmonie de toutes les
parties. Des expreffions fi at-
trayantes, fi liées à l'intention de
la nature, &, par conféquent, à
la perfection de l'art , & qu'enfin les ouvrages de Bouchardon
refpirent, font des objets de ré-

flexion qu'il eſt bon de recom-
mander à votre jeuneſſe ; & dont
la certitude eſt prouvée par les
ouvrages de tous les ſculpteurs
qui ont plus ou moins peint ou
deſſiné. Quoi qu'il en ſoit, l'ardeur pour le travail dont Bouchardon étoit animé, ne s'étoit
point ralentie à Rome ; au contraire, les grands objets d'étude
dont cette ancienne capitale du
monde eſt remplie, n'avoient
ſervi qu'à la redoubler. Je vous
rendrai compte dans un moment
des ouvrages de ſculpture qu'il a
exécutés à Rome, & de la diſ-
tinction qu'il mérita dans un pays
où les étrangers n'en obtiennent
pas aiſément : mais avant que

d'entrer dans le détail de ces par-
ticularités, que je dois d'autant
moins interrompre, qu'elles font
le véritable objet de nos affem-
blées, je crois devoir vous donner, comme je vous l'ai promis,
la peinture des mœurs & du
caractère de l'artifte que nous re-
grettons.

MODESTE dans fes habits
& dans fon domeftique, il con-
ferva toujours des mœurs fimples. La droiture de fon cœur
le rendoit incapable d'aucune
brigue & d'aucune cabale ; vivant retiré, il ne connut jamais
l'intrigue ; & les grands ouvrages font venus, pour ainfi dire,
le chercher. Ses talens & fes

amis les ont recherchés pour lui.
Il avoit le jugement excellent
& le fens jufte autant que le coup
d'œil. Il s'énonçoit avec clarté, & s'exprimoit avec chaleur.
Je crois que cette définition eft
celle du véritable efprit, celui
que l'on doit defirer pour foi-
même & pour fes amis. Dans
un autre temps cet éloge auroit
fuffi. Mais la forte d'efprit dont
je viens de parler n'eft plus l'*efprit du jour*. On cherche du
brillant, de la fublime métaphy-
fique fur laquelle on fe guinde, &
Dieu fçait comment elle eft entendue ! Le fçavoir eft regardé
comme inutile. Une étude pro-
fonde n'engendre plus que de la

féchereffe & de la pefanteur :
c'eft un fatal écueil qu'il faut
éviter avec foin pour arriver à
cette légèreté que l'on préfère à
tout. La décifion doit être auffi
intrépide que defpotique. La
politeffe eft inutile, d'autant
qu'elle paffe pour de la foumif-
fion. L'infinuation & la douceur,
regardées ci-devant comme des
moyens de plaire & de réuffir, ne
conduifent point à l'empire : il
faut les bannir du commerce de la
fociété. Pour mettre ces grands
principes à exécution, on cherche à fe répandre ; on abandon-
ne les atteliers & les cabinets,
car les gens de lettres font
également l'objet de ces obfer-

vations, les foupers deviennent une néceffité ; en un mot, les hommes attachés aux lettres & aux arts imitent les gens du monde ; & oublient que ceux-là font oififs par état, tandis qu'ils doivent être confacrés à l'étude & au travail. La journée qui fuit les foupers commence tard. On perd les avantages du matin, du lever de l'aurore, heures précieufes pour l'étude, qui fe reffentent de la fraîcheur & du calme, attributs délicieux de cette déeffe aimée de la nature entière. BOUCHARDON étoit bien éloigné de ce genre de vie : il avoit de l'*ancien efprit*. Sa vie étoit règlée & modérée ; fes dé-

laffemens domeftiques ne cau-
foient aucun préjudice à la perfection du travail dont il étoit
fans ceffe occupé ; au contraire,
fans le perdre de vue , il le laif-
foit repofer, ou plûtôt , il s'en
éloignoit pour s'en repofer lui-
même, & le revoir avec des yeux
plus frais. Auffi , fes premières
penfées, fes maquettes étoient
bien , elles plaifoient ; les petits modèles étoient beaucoup
mieux ; enfin, ce qu'il avoit terminé & arrêté rendoit les fecondes opérations , quoique d'a-
près nature , fort au-deffous de
ce qu'on les avoit jugées aupa-
ravant. Je fçais que tel eft le che-
min ordinaire de ces fortes d'o-

pérations. Mais je puis affurer
que le progrès dans les Études
de BOUCHARDON étoit plus
fenfible que dans aucune de celles que j'ai vues ; on peut en faire
la comparaifon, & fe convaincre
de la manière avantageufe dont
elles s'épuroient. Heureux d'a-
voir des confeils fi préfens de la
nature & de l'antique ; plus heureux encore d'être capable de fe
juger, & de fe corriger lui-même.

IL a quelquefois employé les
foirées de l'hyver à deffiner des
charges ou des objets amufans
dont il avoit été frappé dans la
journée. Ces badinages, en ap-
parence, traités par un homme
fçavant, font utiles pour pro-

ñoncer un caractère , exprimer une paffion , que la jeuneffe & la beauté préfentent en effet , mais qu'elles fe contentent d'indiquer , & qui ne font ordinairement qu'efleurer la peau. Je ne pourrois que répéter ce que M. Mariette , un de nos confrères , a dit fur ce fujet à l'occafion de Léonard de Vinci : je me contente donc d'y renvoyer. Ces charges & ces croquis n'étoient pas la feule diffipation de BOUCHARDON. Il avoit fait faire un billard , & ce jeu devint pendant plufieurs années fon amufément le plus ordinaire des fêtes & des dimanches. Mais la mufique étoit pour lui un délaffement plus affuré

que tous les autres ; non feulement il jouoit du violoncelle ,
& le fon qu'il tiroit de cet inf-
trument étoit femblable , ou du
moins avoit des rapports infinis
avec l'accord de fon deffein &
de fa manière dans les arts ; mais
il a compofé dans le même goût
plufieurs pièces dont la diftribu-
tion & l'harmonie ont touché
plufieurs grands compofiteurs. Je
me fouviens d'en avoir vu *Ge-
miniani* enchanté. Vous connoiffez , MESSIEURS, ce
grand compofiteur Italien , qui
a fait plufieurs voyages à Paris.

LA beauté du deffein de BOU-
CHARDON , fon intelligence
pour le bas-relief, dépendant de

fa profeſſion , & ſa vénération
pour l'antique , engagèrent M.
de Maurepas , alors Secrétaire
d'État de la maiſon du Roi , &
toujours attentif à toutes les parties de ſon miniſtère , à le choiſir
pour deſſinateur de l'Académie
des Belles-letttes. B O U C H A R-
D O N a rempli cette fonction de
manière à faire honneur aux médailles que la France a frappées
ſur ſes deſſeins. Ce fut en 1736
qu'il fut chargé de cet emploi ; &
il s'en eſt acquitté juſqu'à ſa mort
avec un égal ſuccès. Pénétré de
la reconnoiſſance que méritent
les ſentimens qu'il m'a témoignés
depuis l'année 1733 , car j'ai été
un des premiers qui l'ait connu

à Paris , & qui par conféquent ait rendu juftice à fes talens quand il arriva de Rome , je partage aujourd'hui vos regrets. Je me fuis étendu fur les talens & le caractère de ce grand A R T I S T E, pour tracer à votre jeuneffe le modèle d'un véritable homme d'art , plûtôt encore que pour jetter des fleurs fur fon tombeau. De quelles fleurs feroit-il honoré , fi le récit de fes talens & de fon amour pour l'étude infpiroit à quelques - uns de vos élèves , l'émulation & le defir de l'imiter ! Quels fentimens plus flatteurs pourroit-on vouloir infpirer après la mort ! Vous partagez , M E S S I E U R S , l'obligation que j'ai fans doute à fa manière d'opérer & de procéder, dont j'ai été mille fois le témoin. A quelques détails près , qui n'ont que le mérite de la recherche, je n'écris que fous votre dictée ; & vous penfez mieux que je ne dis. Conféquemment à vos connoiffances , vous lifez mieux que moi les ouvrages du grand homme que nous avons perdu , mais vous ne le regrettez pas davantage.

Aprés une maladie au foie , qui avoit paru accompagnée de tous les fymptômes de l'hydropifie , & qui l'a fait fouffrir pendant dix mois , il eft mort le 27 Juillet de l'année 1762, avec

tous les sentimens de réfignation
que l'on pouvoit défirer.

Il a laiffé une fortune honnête,
qui fait honneur à fa bonne conduite.

Il fut agréé de l'académie en
1733, reçu en 1744;

Adjoint à profeffeur en 1745.

Profeffeur en 1746;

Je paffe à la lifte de fes ouvrages, ainfi qu'à des détails que
cet examen rend indifpenfables.

LISTE

LISTE

DES OUVRAGES

D'EDME BOUCHARDON.

Il a copié pour le Roi, pendant
qu'il étoit à Rome & à la pen-
sion, une figure antique repré-
sentant un Faune couché & en-
dormi. On prétend que les jambes, qui manquoient à ce marbre,
avoient été restaurées sous la
conduite du Bernin. Bouchardon
les a travaillées d'après nature,
& n'a rien changé à leur disposition. Cette statue, de grandeur
naturelle , mérite l'estime des
Artistes & des Connoisseurs. Elle

C

ne fent en rien la copie, & fe trouve placée aujourd'hui dans le jardin de la maifon que M. de Marigny, directeur général des bâtimens, occupe dans Paris.

Bouchardon a fait plufieurs portraits en bufte, de grandeur naturelle, & en marbre. Je n'en fçais point exactément le nombre. Voici les noms de ceux dont j'ai pu me fouvenir.

Le Pape Clément XII, de la famille Corfini.

Le Cardinal de Polignac.

Le Cardinal de Rohan.

Quelques Anglois & Angloifes.

La femme de Weughle, alors directeur de l'académie de France, à Rome.

J'ai vu les buftes des deux Cardinaux François. Ils m'ont paru très-bien ordonnés , très-reffemblans , & d'un travail admirable. Celui du Cardinal de Polignac m'a frappé, principalement par la qualité d'un marbre qui contribue à faire valoir la beauté du cifeau, & l'expreffion des chairs ; & l'on voit, fans peine , avec quel plaifir & quel zèle il a été travaillé.

Je ne dois point oublier dans cette lifte de buftes , celui du Baron Stoch , qu'il a fait également en marbre, & traité dans la fimplicité des Anciens. On peut juger de fon ordonnance par l'eftampe qu'en a gravée

Preisler , graveur Allemand.

Il étoit chargé d'exécuter le tombeau de Clément XI : malgré l'honneur & l'avantage qu'il pouvoit retirer d'un pareil ouvrage , il obéit aux ordres du Roi, qui le rappelloient à Paris, où il arriva dans les derniers jours de 1732 , après dix ans de féjour à Rome.

Les defieins fans nombre qu'il a faits d'après l'antique , les grands fculpteurs & peintres modernes , principalement Raphaël & le Dominiquain , prouvent , comme je l'ai dit plus haut , qu'il a fçu mettre à profit le temps précieux de la force de l'âge , pour l'étude & le travail.

M. le Duc d'Antin , Surinten-
dant des bâtimens , lui donna
ordre , en arrivant à Paris , de
faire une nouvelle ftatue de
Louis XIV , pour le vœu de
Louis XIII , que l'on voit auprès
du maître-autel de Notre-Dame
de Paris. On n'étoit pas content
de celle de Coifevox : Bouchardon n'en a fait que le modèle
en grand , & terminé. Comme
il fe difpofoit à l'exécuter en
marbre , l'ouvrage fut fufpendu
pour des raifons que j'ignore ,
& n'a point été exécuté dans la
fuite , à la grande fatisfaction de
Bouchardon , qui n'y travailloit
qu'à regret, & qui fut très-con-
tent d'être foulagé d'un ouvrage

auffi périlleux. Mais je n'ai point oublié qu'il avoit fçu tirer parti de l'énorme perruque affeétée au fiècle de ce grand Roi, & qu'il avoit profité heureufement de l'ampleur des habits de cérémonie que nos Princes font obligés de porter à leur facre.

Il fit enfuite un bufte de marbre, grand comme nature, repréfentant M. le Marquis de Gouvernet. Il n'eft point habillé; & le fentiment de chair, joint à la plus grande fimplicité, rend ce portrait infiniment recommandable.

Il exécuta un groupe en pierre, & grand comme nature, ordonné par M. d'Antin, & dont

le Roi faifoit préfent à M. Chau-
velin, alors Garde des Sceaux.
Le groupe étoit deftiné pour l'ornement des jardins de Grofbois ;
il repréfente un homme qui domp-
té un ours. Bouchardon a fuivi
dans ce morceau l'idée d'un petit
modèle qu'il avoit fait à Rome.
Ce groupe eft gravé, la compofition fubfiftera ; mais les fineffes
de l'ouvrage, & l'ouvrage même,
ne feront pas long-temps honneur à leur auteur ; le temps en
aura bien-tôt fait juftice ; le
grand air & la diftance de Paris,
quoique médiocre, rendent
toujours l'entretien & les répa-
rations difficiles ; ainfi tout con-
court à fa deftruction, & l'on

C iv

peut dire que c'eſt une perte ;
car ce groupe étoit heureux ,
bien diſpoſé & bien travaillé.

Bouchardon fut chargé d'u-
ne partie des figures qui décorent la fontaine de Neptune ,
que l'on venoit de réparer à
Verſailles. La compoſition principale fut donnée à Adam l'aîné.
M. Lemoine eut ordre de faire
un des groupes de moindre étendue , qui accompagnent à droite
& à gauche le principal morceau ;
& Bouchardon exécuta le pendant , pour lequel il fit un Triton dont la figure eſt appuyée
ſur un poiſſon d'énorme groſ-
ſeur , poſé ſur une coquille :
cette figure eſt ſimple , vraie ,

& fort développée. A la place
de ce Triton, il avoit préfenté
un modèle qu'il m'a donné, &
dans lequel il avoit groupé un
de ces Dieux fubalternes de la
mer, avec une Sirène. Cette ef-
quiffe, qui n'eft point d'après
nature, fait voir quelle eft la
pratique d'un homme rempli de
la nature & de l'antique ; on y re-
connoît avec autant de plaifir que
d'admiration, comment on peut
fe rendre familiers & s'approprier
ces deux grands & uniques fondemens de l'art. Mais ce groupe
étant trop étendu & trop riche
pour la place qu'il devoit occuper, il exécuta le Triton fimple
dont je viens de parler, & dont la

difpofition ne peut être ni plus convenable ni plus élégante.

Il a répandu le même fçavoir & le même agrément fur les deux Amours qui occupent les deux côtés de cette fontaine de Neptune, & qui domptent deux dragons. Malheureufement pour leur durée, ces beaux ouvrages ne font exécutés qu'en plomb, ainfi qu'un très - grand nombre des ornemens qui décorent les fontaines & les baffins de Ver-failles.

Le Roi voulut bien donner quelques féances à Bouchardon pour faire fon portrait; & cette étude, après avoir fervi pour les médailles & la monnoie, a été

employée pour exécuter un médaillon que M. de Maurepas fit
jetter en bronze. Ce médaillon a
pour pendans, le portrait de M.
le Dauphin, que Bouchardon
fit encore. Ces deux ouvrages
font l'ornement d'un cabinet à
Pontchartrain, & méritent d'ê-
tre vus.

Le curé de S. Sulpice (Lan-
guet) chargea Bouchardon de
faire les figures qui devoient dé-
corer le pourtour de son églife:
il commença par celles du chœur;
elles font au nombre de huit;
J. C., la Vierge, & six Apôtres.
Il s'étoit engagé de faire six autres Apôtres, & huit autres
Saints; mais la modicité du prix

fit rompre le marché. Les figures qui décorent le chœur font
un peu plus fortes que nature ;
elles font en pied, & leur variété
agréable forme une belle totalité. On y voit toutes les richef-
fes des draperies traitées dans le
grand, & fans affeétation, join-
tes à tous les agrémens de la
chair. L'expreffion eft encore un
de leurs grands mérites ; mais
celle de la douleur ne peut être
mieux traitée, à mon fens, que
le cifeau l'a prononcée fur la tête
de la Vierge, dont elle n'altère
point la beauté. L'humilité du
Chrift, appuyé fur fa croix, &
dont Bouchardon a fait fon morceau de réception à l'Académie,

préfente un tableau des plus tou-
chans pour un Chrétien. Ces
belles figures ne font exécutées
qu'en pierre de Tonnerre ; mais
comme elles font à couvert & à
l'abri de toute infulte , on en
eft moins inquiet.

Ce même chœur de S. Sul-
pice eft orné par deux anges
exécutés en bronze, & qui font
placés à la tête des ftalles : ils
fervent de pupitre au diacre &
au foudiacre pour chanter l'é-
pitre & l'évangile. Le même
modèle a fervi pour les deux figures ; mais il eft difficile de faire
mieux fentir , que Bouchardon
l'a fait en cette occafion, les ef-
fets du fvelte, de la jeuneffe, &

de l'intérêt, joints à la modeftie, à la nobleffe, & au recueil-
lement. Les deux anges, de
grandeur naturelle, forment une
décoration nouvelle, intéreffan-
te & agréable.

Cette églife préfente un autre ouvrage de Bouchardon ;
mais l'exécution ne rend que
très-imparfaitement la première
idée de fon auteur. Il a fait un
modèle arrêté de la Vierge, pour
être placée fur l'autel, & jetée
en argent, mais le curé qui en-
tendoit bien fes affaires & fort
mal les arts, l'ayant fait travailler par un orfèvre très-peu intel-
ligent, mais qui entreprit l'ouvrage à un moindre prix, cette

figure n'a confervé qu'une idée
générale de fa première beauté:
elle eft en pied, & environ grande comme nature, ou peu s'en
faut; elle a été gravée par...,
& toujours par les foins du
curé.

On voit encore dans S. Sulpice le tombeau de madame la
ducheffe de Lauraguais. Il exprime les regrets de la mort d'u-
ne jeune & jolie perfonne. Il eft
compofé d'une feule figure de
femme éplorée, & repréfentée
dans l'abandon de la douleur.
Elle eft traitée de petite nature,
& appuyée contre une colonne fur laquelle on lit ces mots,
tirés, en partie, d'Horace, *Ut*

flos ante diem flebilis occidit. Il eſt fâcheux qu'une expreſſion ſi touchante , & ſi bien rendue , ſoit auſſi mal éclairée ; & ne ſoit exécutée que ſur une pierre de Tonnerre.

Le tombeau de M. d'Armenonville, Garde des ſceaux , & de M. de Morville , miniſtre des affaires - étrangères, ne conſiſte que dans une urne double qui fait alluſion à la mort du père & du fils , arrivée à fort peu de diſtance l'une de l'autre. Cette urne de marbre eſt appuyée ſur un très-grand rideau qui porte les deux inſcriptions: l'ouvrage n'eſt que de pierre ; mais l'ornement ne peut être mieux entendu ; &

Bouchardon

Bouchardon n'a pu tirer un autre parti du peu de dépenfe que
l'on vouloit faire. Ce tombeau
eft placé dans une chapelle de
S. Euftache , qui appartient à
la famille de M. d'Armenonville.

Je pofsède le modèle en cire
d'un pupitre qu'il avoit fait pour
le chœur de N. D. de Paris. La
nouveauté, la convenance & l'é-
légante fimplicité que Bouchardon a mifes dans la compofition
d'un meuble d'églife auffi fouvent
répété , méritent qu'on le con-
ferve ; ainfi, je compte le faire
graver ; & M. Vaffé m'a deman-
dé d'en faire le deffein , pour témoigner fon attachement à la

D

mémoire d'un maître qu'il révère. Ce pupitre est composé de deux anges très-jeunes, au milieu desquels sont sept cordes de la lyre ancienne, qui font une allusion heureuse, & procurent en même temps la solidité du pupitre : ces deux anges soutiennent, avec effort, de leurs têtes & de leurs mains, le poids de la boule qui autorise le mouvement nécessaire au pupitre, & qui fait d'ailleurs allusion au monde que les louanges de Dieu doivent remplir ; & qui de plus est consacrée à porter l'aigle, dont les aîles étendues servent à présenter les livres sacrés nécessaires au chœur. Le chapitre ne fut point fenſible au mérite & à l'agrément de ce morceau. Il fut refuſé.

M. l'abbé de la Grange, chanoine de N. D., laiſſa au chapitre, par ſon teſtament, une ſomme d'argent pour la décoration d'une chapelle dans laquelle il vouloit qu'on lui élevât un monument ; Bouchardon fut choiſi pour exécuter les dernières volontés du défunt : il fit tous les deſſeins, il exécuta même pluſieurs parties de la décoration ; & je puis aſſurer que ſes projets étoient beaux, ſçavans, & convenables. Il n'en reſtera jamais d'autre traces que mon certificat. Tout fut agréé

& trouvé tel qu'il étoit en effet; mais la justice ayant mangé une partie de l'argent, & consommé beaucoup de temps, les chanoines ne purent donner au pauvre abbé de la Grange qu'une décoration mesquine & commune qu'ils firent faire par un menuisier ordinaire; & un tombeau dans le même goût, orné d'un médaillon que l'on peut donner aux siècles des barbares sans lui faire aucun tort: telle est la décoration qui subsiste à la place de celle dont je viens de parler.

Bouchardon fut chargé d'un des bas-reliefs de bronze qui décorent les autels de la chapelle

de Verfailles ; on lui donna le fujet de S. Charles communiant des peſtiférés ; la compoſition en eſt belle , & les expreſſions ſont touchantes.

La ville de Paris voulant exécuter la fontaine que l'on voit dans la rue de Grenelle , au fauxbourg S. Germain , s'adreſſa à Bouchardon. A la réſerve de l'emplacement qu'il n'a pas choiſi, l'ouvrage eſt en entier de lui ; & même l'architecture. Cette fontaine eſt compoſée de ſept figures grandes comme nature , & de quatre bas-reliefs. La ville de Paris , repréſentée aſſiſe comme l'ancienne ville de Rome , eſt de marbre ; elle reçoit les hom-

mages de la Seine & de la Marne, qui font de la même matière.
Les génies des quatre faifons placés debout dans un pareil nombre de niches font exécutés en pierre de Tonnerre, ainfi que les bas-reliefs encaftrés au-deffous des niches. Ces bas-reliefs font compofés d'enfans qui caractérifent chaque faifon.

On a décrit cette fontaine; & les gravures font publiques; ainfi je n'en dirai pas davantage. Malgré la critique de l'emplacement, cet ouvrage a eu trop de fuccès à l'égard de fes autres parties; &, par lui-même, il eft trop confidérable pour qu'on puiffe fe flatter de rien dire de

nouveau à ce sujet, après plus
de vingt années que le public
en porte son jugement. Je ren-
voie donc aux descriptions &
aux gravures. Ces dernières ont
été faites pour le livre de l'architecture Françoise, publié par
Jombert, & M. Mariette en a
donné la description dans une
brochure publiée en 1746, peu
de temps après qu'il fut terminé.

Le Roi, content des services
du cardinal de Fleury, voulut
en laisser un témoignage à la
postérité, en lui faisant élever
un tombeau dans l'église de S.
Louis du louvre. On demanda
des modèles aux principaux
sculpteurs de l'Académie ; ils fu-

rent expofés au public ; il y en avoit de très-beaux dans le nom-bre , mais celui de Bouchardon fut préféré. Cet ouvrage n'a point été exécuté, des obftacles généraux s'y opposèrent. La fa-mille du Cardinal lui a depuis élevé un monument à fes dépens dans la même églife , & s'en eft repofée fur les foins de M. Le-moine , fculpteur de votre Aca-démie.

Feu M. le Marquis de Livry , aimant , avec raifon , fon beau château de Livry , connu autre-fois fous le nom de Rinci , vou-lut orner l'efcalier d'une ftatue repréfentant Bacchus. Bouchar-don n'en a fait que le modèle en petit ; l'intention mérite qu'on en regrette l'exécution, la mort de M. de Livry ayant fait évanouir le projet.

Bouchardon étoit chargé depuis long-temps de faire une ftatue pour le Roi ; il étoit maître de choifir le fujet, il préféra celui de l'Amour, adolefcent, & tel que l'on peut imaginer l'amant de Pfyché, faïfant un arc de la maffue d'Hercule. Je ne décrirai point ici cet ouvrage, quoiqu'il foit un des plus agréables & des plus fçavans qui foit forti de fes mains : on peut voir une ample defcription de cette belle figure dans une lettre inférée dans le Mer-

cure du mois de mai de l'année
1750.

Enfin, on remit à Bouchardon
le soin du plus grand & du plus
riche monument que le siècle ait
produit. La statue équestre du
Roi, avec un piédestal orné de
figures, de trophées, de bas-
reliefs & d'ornemens particuliers.
Il a travaillé plus de douze années consécutives à l'exécution
de ce bel ouvrage : heureusement il a laissé la figure équestre
terminée & réparée sous ses
yeux. La noblesse de la disposition, celle des ornemens, & des
richesses traitées avec sobriété ;
la grandeur du trait, le choix de
la nature & le sentiment de la

chair me paroiſſent réunis dans cette ſuperbe figure. Le piédeſ-tal, dont la compoſition eſt à la fois nouvelle, grande, ſage & agréable, eſt ſoûtenu dans ſes angles par quatre vertus en pied. Les modèles de trois de ces fi-gures ſont fort avancés en plâ-tre. Bouchardon les a diſpoſées dans leur grandeur coloſſale, puiſqu'elles ont dix pieds de proportion. Mais la quatrième eſt demeurée imparfaite; il n'en a laiſſé que la première penſée, & le nud d'après nature, non ſeulement en cire, mais les étu-des ſous tous les aſpects poſſi-bles & prêts à recevoir la dra-perie. Il eſt vrai que le détail des têtes, des bras & des pieds n'eſt arrêté ſur aucune de ces fi-gures.

Si dans les tems d'une mala-die de langueur, qui ſe prépa-roit depuis long-temps; ſi mal-gré le tremblement de ſes mains, devenu conſidérable depuis quel-ques années, il a pouſſé l'amour de ſon art, & le deſir de réuſſir juſqu'à ce point d'exactitude, que pouvoit-il faire lorſque la force & les moyens répondoient à ſon activité & à ce coup d'œil embraſſant & dévorant, pour ainſi dire, avec lequel il étoit né ? Malgré les infirmités dont je viens de vous rendre comp-te, on peut certifier que ſes derniers travaux ne font fentir aucune diminution de talent ; tant il eft vrai qu'un Artifte n'a befoin, pour ainfi dire, que de la tête.

Pour achever ce que j'ai réfolu de vous rapporter au fujet de ce grand ouvrage, j'ajouterai que le nombre des études qu'il a deffinées d'après nature, pour le cheval feul, eft fi confidérable que je n'oferois le rapporter ; on ne me croiroit pas. Mais voici un fait dont le fouvenir mérite, ce me femble, d'être confervé.

Bouchardon, accoutumé à fuivre la nature jufques dans les plus petits détails, s'eft mis plu-

fieurs fois entre les jambes d'un
cheval pour deffiner le ventre &
toutes fes parties. Il faut con-
venir auffi que ce bel animal ,
dont il difpofoit à toutes les
heures du jour , par l'amitié de
M. le Baron de Thiers, à qui il
appartenoit , étoit d'une douceur, dans l'atelier , dont il fera
toujours rare de trouver des
exemples , d'autant qu'il étoit
vif dans tous fes mouvemens ,
& plein de feu quand il étoit
monté. Les caufes fecondes de
cette efpèce méritent , ce me
femble, d'être rapportées ; elles
font dues , le plus fouvent , au
hafard ; & , dans le cas préfent ,
elles ont contribué au nombre

prodigieux d'études que Bouchardon a faites. Le cheval pa-
roiſſoit s'y prêter , & regarder
le deſſein qu'on faiſoit d'après
lui ; enfin , les mêmes motifs
d'exactitude firent monter Bouchardon ſur une échelle double
pour deſſiner les reins du cheval
& leur jonction avec la croupe
& l'encolure.

Tous les ornemens dont le
piédeſtal eſt décoré doivent être
également jettés en bronze ;
leur diſpoſition & leurs détails
ſont vrais , nobles , nouveaux ,
grandement & ſimplement traités : ils ſont terminés & arrêtés :
les trophées ſont mêmes déja
jettés. Les deux ſeuls bas-reliefs

qui doivent être placés fur le piédeftal font demeurés fans aucune forte de projet , leur compofition étant foumife à la fituation des affaires politiques,quand on placera la ftatue.

Le bel ouvrage que la Ville fait faire fur le détail de la fonte de ce beau morceau , l'eftampe que l'on doit graver de cette ftatue, avec fon piédeftal (fans doute avec des développemens de parties) rendroient inutile tout ce que je pourrois vous dire à ce fujet. Vous connoiffez ce grand ouvrage mieux que moi , & vous lui avez accordé des éloges mérités.

Bouchardon a donné une preuve

preuve de l'eſtime particulière
qu'il faiſoit des talens de M. Pigal ſculpteur de vôtre Académie ; car n'étant nullement lié
avec lui , il a écrit, quelques
jours avant ſa mort , à M. le Prévôt des Marchands & à Meſſieurs
du Bureau de la Ville de Paris ,
pour les prier de remettre ſon
piédeſtal entre les mains de l'Artiſte qu'il leur nommoit , & ſur
lequel il ſe repoſoit du ſoin de
terminer ce qu'il laiſſoit com-
mencé , de faire , en un mot , tout
ce qu'il auroit fait lui - même
pour mettre ſon ouvrage en
place. On voit , dans cette lettre,
combien il étoit attaché à ce
monument : ſes expreſſions ne

fortent point de la modeftie qui faifoit fon caractère ; cependant il exige qu'on ne change rien à l'ordonnance générale & particulière de fon piédeftal , il en fait fentir l'importance & la néceffité. M. Pigal s'eft déja expliqué à ce fujet. Il a témoigné combien il étoit fenfible à la confiance que Bouchardon lui avoit témoignée ; & s'eft déclaré fur la réfolution où il étoit de fuivre en tout les deffeins de fon prédéceffeur. Ce procédé couvrira d'honneur ces deux grands Artiftes.

Voici la defcription du modèle que Bouchardon mit au concours en 1743 , & qui mé-

rita la préférence , comme je
l'ai dit plus haut.

Il n'eſt exécuté qu'en cire , &
ſans aucune couleur. Il occupe
l'ouverture entière de la chapelle , dont la hauteur , ſelon
les proportions priſes avec exactitude , eſt d'un peu plus de 35
pieds , la largeur de 18 pieds &
demi , & la profondeur de 6
pieds , 4 pouces. Deux marches
cintrées & peu ſaillantes , qui
s'élèvent au - deſſus du plan de
l'égliſe , conduiſent l'œil au
corps de l'architecture qui forme
le tombeau , ſur lequel le Cardinal eſt placé à genoux , à côté
d'un prie - dieu , exprimant la
plus grande réſignation. Il eſt

groupé heureusement, avec un Génie affis à fes pieds, & qui tient trois couronnes. L'urne qui forme le tombeau eft belle ; l'ornement, ou plutôt le trait, en eft mâle & fimple. Elle porte l'infcription, & elle eft foutenue par deux confoles, au milieu defquelles on voit l'emblême de l'Eternité qui renferme le fable, foutenu par les aîles du Temps. Deux lions couchés, & qui tiennent fous leurs pattes le mafque de l'Envie & le ferpent de l'Héréfie, font allufion à la fincérité du caractère & au zèle religieux du Cardinal. Ces deux animaux font heureufement dif-pofés ; & quoique préfentés

dans le répos , ils ne peuvent
mieux grouper avec les ornemens : l'un & l'autre font placés
aux deux côtés extérieurs de
ces confoles. Bouchardon a placé fur un premier plan le globe
terreftre , fur lequel deux fem-
mes font appuyées ; l'une repréfente la Religion avec un
rouleau développé , pour écrire
les actions pieufes du Cardinal ,
& l'autre fait voir le Gouvernement éploré. Ce globe fait une
feconde allufion à la réputation
que le Cardinal s'étoit acquife
dans le monde par fa piété & par fa
fageffe dans le gouvernement ;
& ces deux figures , confidérées
par rapport à l'art , réuniffent

tout ce que l'on peut defirer du côté de la nobleffe , de l'élégance & de la richeffe de la compofition.

Les armes du Cardinal font placées au-deffous du trait de la voûte , dont l'épaiffeur eft décorée par de très-beaux caiffons. Les figures devoient avoir huit pieds de proportion ; elles ne pouvoient mieux s'accorder avec l'architecture, & leur difpofition générale & particulière étoit parfaitement entendue pour la place qu'elles devoient occuper.

Cependant, le Miniftère ayant paru defirer quelque temps après un autre modèle , dans lequel la figure du Cardinal fût moins

ſubordonnée aux figures acceſ-
foires, Bouchardon compoſa celui que je vais décrire. Il fut arrêté ; & pendant long - temps il
a compté ſur ſon exécution. Les
figures & les ornemens de ce
modèle ſont également traités
en cire, & terminés avec le plus
grand ſoin. L'architecture de la
chapelle a, dans ce projet comme dans le précédent, quatre
pieds & demi de hauteur ; &
cette proportion eſt très - ſuffi-
ſante pour faire ſentir tous les
détails, ceux - mêmes de l'expreſſion la plus délicate.

Les chapelles de S. Louis du
Louvre ont très-peu de profondeur, comme je l'ai déja dit, &

ce monument devoit occuper également toute la largeur & la hauteur de celle qu'on avoit destinée à recevoir le tombeau. L'intérieur de la voûte est orné par des caissons de la plus grande manière, mais d'un genre & d'une forme différens de ceux dont j'ai parlé dans la description du modèle précédent. La simplicité des panneaux qui décorent les fonds, ne peut être mieux disposée pour faire valoir le reste de l'ouvrage.

Le Cardinal paroît couché, & mourant dans les bras de la Religion, représentée à genoux, pour le soutenir. Il est placé sur un soubassement assez élevé , arrondi , & faillant fur le devant , avec des pans en retraite. Ce foubaffement , qui occupe toute la largeur de la chapelle , eft élevé fur deux marches au-deffus du plan de l'églife , & devoit porter l'infcription dans la table principale , dont la forme & les accompagnemens font traités du meilleur goût. Les tables des parties latérales font ornées de lacrymatoires enlacées avec des branches de cyprès. Le Cardinal & la Religion font appuyés , ou pour mieux dire , ces figures ont pour fonds un piédeftal quarré , mais avec deux arrières corps , dont la totalité eft élevée fur un focle. Ce piédeſtal porte une colonne iſolée d'ordre Dorique , & cannelée au tiers. Elle eſt terminée par une urne cinéraire de la forme la plus élégante. On voit ſur le piédeſtal le ſerpent , ſymbole de l'Eternité , qui renferme un ſable porté ſur les aîles du Temps. Cet emblême eſt traité en bas-relief , & n'eſt point mis au haſard ; il ſatisfait autant l'eſprit , qu'il contribue à l'accord de la compoſition. Le fût de la colonne eſt chargé des armes du Cardinal ; la croſſe & la mître , attributs de l'épiſcopat , ſont placées d'un côté ſur le piédeſtal ; & le Génie de la France , reconnoiſſable par ſes aîles & par ſon

bouclier chargé de trois fleurs
de lys , est appuyé de l'autre côté. Ce beau jeune homme , traité dans le style grec , est debout ,
& son expression est complette ;
il fait sentir la douleur , le regret
& l'intérêt. La confiance du Cardinal dans la Religion, est rendue
par la sérénité de son visage &
la disposition de ses bras. Enfin ,
on ne peut avoir aucun doute
sur la consolation majestueuse
& pleine d'affection que lui pré-
sente cette même Religion.

Ces impressions douces sont
exprimées dans le modèle avec
une justesse & une précision que
le cœur ressent à la vue de cette
imitation de la nature, mais qu'il

eſt impoſſible de bien décrire. Enfin, le groupe de trois figures, qui devoient être plus grandes que nature, c'eſt-à-dire, de la même proportion que celles du projet précédent, & dans lequel le Génie de la France occupe une place eſſentielle; ce groupe, dis-je, forme un enſemble auſſi touchant, qu'il eſt plein de grandeur & de vérité.

Le cartel des armes que l'imagination préſente dans ce récit, comme un objet pour l'ordinaire aſſez trivial, produit ici une richeſſe d'autant plus grande, qu'étant très-beau dans le détail, & d'une admirable proportion, il eſt attaché par une guirlande de

cyprès fort longue, qui retombe
fans affectation , & qui fimplement enlacée par fon poids ,
autour de la colonne , fait une
heureufe liaifon pour l'enfemble
de la compofition , tant il eft
vrai que l'étude & l'habitude des
belles formes rendent tous les
objets intéreffans & agréables.

J'ai ce beau morceau devant
moi pour le décrire , & j'avoue
franchement que je rougis de la
foibleffe de ma defcription. Je
la finirai en difant que cet ouvrage préfente à la fois la richeffe
& la jufteffe des draperies , join-
tes à l'expreffion , à l'accord &
à la clarté du fujet , ainfi qu'au
choix heureux des ornemens ,

qui ne peuvent être plus fça-
vamment ni plus fobrement dif-
pofés.

On pourra voir ces beaux modèles chez M. Girard, beau-frère
de Bouchardon ; il a bien voulu
me les confier : d'ailleurs il a réfolu de ne s'en point féparer,
ainfi que de quelques autres modèles ou études qu'il a trouvés
dans la fucceffion de ce grand
Artifte.

LETTRE

DE M. M** A UN AMI
de Province, au sujet de la nou-
velle Fontaine de la rue de Gre-
nelle , au Fauxbourg Saint-
Germain des Prez.

Monsieur,

Vous avez raison de vous
plaindre. Je me souviens parfaitement de l'engagement que
je pris avec vous, lorsqu'on com-
mençoit à jetter les fondemens
de la magnifique Fontaine de la
rue de Grenelle au Fauxbourg

Sâint Germain; je vous promis de vous entretenir de cet Edifice auffi-tôt qu'il feroit achevé. Je vous avoue donc que je fuis en faute. Il y a quatre à cinq mois que j'aurois dû vous écrire, & que mes foibles éloges devoient fe mêler aux applaudiffemens que tout Paris s'eft empreffé de donner à ce fuperbe Monument: Mais, fans chercher à m'excufer, je vous dirai tout fimplement, que depuis ce temps-là, j'ai été tellement occupé de la chofe même dont je devois vous rendre compte, que je n'ai prefque plus penfé à la parole que je vous avois donnée. Cela eft fort mal, & il ne faut pas

moins

moins que toute votre indul-
gence, pour me le pardonner.
J'ofe cependant vous affurer que
vous n'y perdez rien. Plus j'ai
examiné avec une attention mé-
ditée, toutes les parties qui
compofent ce bel affemblage
d'Architecture & de Sculpture,
plus je crois être en état de vous
en fournir une defcription fidel-
le. Je ferai du moins tous mes
efforts pour entrer, autant que
vous pouvez l'attendre de moi,
dans l'efprit de l'homme excellent, qui a produit un fi rare
chef-d'œuvre.

Vous êtes déjà inftruit que
cette Fontaine eft fituée dans
la rue de Grenelle, affez près

de l'endroit où cette rue fe croife
avec celle du Bac. Comme vous
n'ignorez pas qu'il ne fe trouvoit aucune Fontaine publique
dans tout ce grand Quartier ,
aujourd'hui fi peuplé, vous com-
prenez auffi combien il étoit néceffaire qu'on y en bâtît une ;
mais peut-être que les raifons
qui ont déterminé fur le choix
de la place qu'elle occupe , vous
font inconnues : Vous ne fçavez peut-être pas que ci-devant ,
c'étoit un terrein vague , appar-
tenant aux Religieufes Récol-
lettes , dont on pouvoit faire aifément l'acquifition ; au lieu que
par-tout ailleurs la même acquifition eût fouffert de très-gran-

des difficultés. J'ai cru devoir vous faire en paſſant cette obſervation ; elle ſervira de réponſe à ceux qui critiquent un peu trop ſévèrement le choix qu'on a fait de cet emplacement.

Les arrangemens pris pour l'établiſſement de cet important Édifice, Monſieur Turgot, dont la Prévôté ſera mémorable à jamais par le nombre, la grandeur & l'utilité des Ouvrages dont il a embelli cette Capitale, & Meſſieurs du Bureau de la Ville, jettèrent les yeux ſur Monſieur Bouchardon, Sculpteur ordinaire du Roi , dont la réputation étoit grande dans toute l'Europe , pour exécuter leur projet.

Ils lui firent faire des Desseins &
un Modèle, qui furent généra-
lement applaudis, & l'on posa
la première pierre de l'Edifice
sur la fin de l'année 1739.

Depuis ce moment-là, je puis
vous assurer que je n'ai plus perdu de vue ce beau Bâtiment;
j'ai été témoin des soins extrê-
mes avec lesquels on en a suivi
la construction. J'ai vu amener
sur le tas la plus belle pierre des
carrières de Conflans - Sainte-
Honorine; la même dont le fameux François Mansard, si cu-
rieux de bien faire, s'est autre-
fois servi pour le Château de
Maisons; j'ai vu cette pierre
prendre entre les mains d'un Ap-

pareilleur expérimenté , des formes ſi exactes, un trait ſi précis,
que miſe en œuvre, il n'eſt preſ-
que pas poſſible de diſcerner les
joints des différentes aſſiſes ; les
paremens en ſont ſi unis & ſi bien
dreſſés , que le tout ne paroît
faire qu'une ſeule maſſe. Je ne
crois pas que depuis la belle fa-
çade du Louvre , il ſe ſoit fait
un Bâtiment avec autant de pro-
preté que celui-ci.

Vous me direz , Monſieur ,
que dans ceci, vous ne recon-
noiſſez qu'un Ouvrage purement
méchanique, & dont vous n'ê-
tes que foiblement touché. Je
vous connois , vous n'êtes véritablement affecté que des ſeu-

les opérations de l'efprit; il faut vous montrer l'homme de génie, vous offrir & vous faire goûter les fruits heureux de fon imagination, pénétrer dans le fecret de fes penfées, & vous les développer : voilà ce que vous demandez, & je vais tâcher de remplir vos vues. Si je n'y réuffis pas, n'en accufez que mon infuffifance,

Pour vous donner une idée plus nette de la Fontaine, dont j'entreprends de vous faire la defcription, je dois commencer par vous en tracer le plan. J'entrerai enfuite dans un détail circonftancié de toutes les parties de fa décoration, & des divers

morceaux de Sculpture qui y
font employés. Tout le Bâtiment règne fur un des côtés de
la rue, & y occupe en longueur
un efpace de quatorze toifes &
demie. La rue n'eft pas extrê-
mement large en cet endroit ; &
fi l'on eût fuivi l'allignement des
maifons, non feulement la Fontaine n'eût pas été d'un accès
bien facile, mais il eft encore
certain qu'il n'y auroit eu aucun
jeu dans fa compofition. L'habile Artifte qui a préfidé à cet
Edifice, a donc imaginé de fe
retirer d'environ quinze pieds ;
& par cet expédient, il a trouvé
le moyen de former au-devant
de la Fontaine une efpèce de

race , qui contribue à en rendre le fervice plus commode, &
qui laiffe affez d'efpace pour
pouvoir fe reculer & embraffer
d'un coup d'œil toute l'ordonnance. L'afpect en devient plus
heureux, & les parties fe déve-
loppent davantage.

Le Corps du milieu qui eft
ainfi renfoncé , fait avant-corps :
il eft foutenu à droite & à gauche par deux aîles , qui, partant
de l'endroit où elles s'uniffent à
cet avant-corps , & décrivant
par leur plan des portions de cercle , viennent reprendre l'allignement de la rue dans les deux
extrémités qui terminent l'Edifice. Imaginez-vous voir le

Frontifpice d'une magnifique Scène de Théâtre antique.

Ce que je viens de vous dire du renfoncement du corps du milieu, doit cependant, à la rigueur, fe reftraindre, à la partie fupérieure ; je veux dire à celle qui règne au-deffus de la premiè-re plinthe ; car au rez-de-chauf-fée, le plan de l'Edifice change de figure. Celui des aîles eft tou-jours le même, mais l'avant-corps du milieu avance en fail-lie prefque jufques fur la rue, & devient un maffif, qui peut être proprement dit le lieu de la Fon-taine, puifque c'eft de là que l'eau fe diftribue par quatre grands Mafcarons de bronze,

placés tant fur le devant que
dans les retours. Ce maſſif eſt
entièrement orné de refends qui
ne font interrompus dans la
principale face , laquelle prend
la forme d'une tour ronde , que
par une table d'attente renfer-
mant une Inſcription ; & le même maſſif couronné par un So-
cle de glaçons en marbre blanc ,
fert de baſe à des Statues colloſ-
ſales de même marbre , qui font
le principal ornement de toute
cette riche compoſition.

Elles font élevées du pavé à
la hauteur de quinze pieds ; c'eſt
une diſtance tout-à-fait propre
à en conſidérer toutes les beautés de détail. La principale de

ces Statues ; celle à laquelle on voit bien que les autres font fubordonnées, eft celle qui repréfente la Ville de Paris. Affife fur une proue de Vaiffeau qui lui fert de Trône, & qui eft prife de fes Armes, un Sceptre à la main, & la tête couronnée d'une Couronne de Tours ; elle regarde avec complaifance le Fleuve de la Seine & la Rivière de la Marne, qui couchés à fes pieds, paroiffent eux-mêmes fe féliciter du bonheur qu'ils ont de procurer l'abondance, & de fervir d'ornement à la grande Ville qu'ils baignent de leurs eaux. La Seine, en tant que Fleuve, eft repréfentée fous la figure d'un

homme robuſte , qui tient un
Aviron, & qui a derrière lui un
Cygne ſe jouant parmi les ro-
ſeaux : La Marne eſt figurée par
une femme qui a dans la main
une écreviſſe , & l'on remarque
auprès d'elle deux Canards qui
ſortent encore d'entre des ro-
ſeaux.

Je ne vous ferai pas une deſ-
cription plus étendue de ces ad-
mirables Statues , perſuadé que
vous entendrez avec plus de
ſatisfaction les jugemens qu'en
ont porté les perſonnes éclairées.
Elles ont été touchées de cette
majeſté qui eſt répandue dans
toute la figure de la Ville de
Paris : ſon attitude & le jet de

fa draperie leur ont ʼrappellé
cette fimplicité noble & mâle
de l'Antique , qui n'a jamais
éprouvé les caprices de la mo-
de. La figure du Fleuve leur a
paru deffinée avec fcience &
avec fermeté ; tandis que celle
de la Nymphe a plû par fa fou-
pleffe & le beau coulant de fes
contours : il a été dit que l'une
& l'autre confervoient fous la
dureté du marbre la délicateffe
& la fenfibilité de la chair.

Un Frontifpice formé par
quatre colonnes cannellées
d'ordre Ionique , & par autant
de Pilaftres de même ordre ,
qui portent un Fronton , dans le
Tympan duquel font les Armes

de France, fert de fond à ce
Groupe de figures, & met la
Ville de Paris comme à l'entrée
d'un Temple qui lui eft dédié.
En même temps, ce Frontifpice
fert à loger dans l'enfoncement
de fon entrecolonne une Infcription Latine en lettres un-
ciales de bronze, qui, conçue
dans le ftile Lapidaire, fixe
l'époque du Monument, & fait
élégamment l'éloge d'un Prince
chéri, qui ne refpire que la paix,
& n'eft occupé que du bonheur
de fes fujets. Je l'ai copiée, je
vous l'envoie; & j'efpère que
vous m'en fçaurez d'autant plus
de gré, que je puis y joindre
une anecdote finguhière; c'eft

que cette Inscription est l'ouvrage de feu Monsieur le Cardinal de Fleury ; & que ce grand
homme, dont la modestie étoit
aussi éminente que la dignité ,
l'ayant envoyé à Monsieur de
Boze , comme un simple canevas
dont il le laissoit absolument le
maître , celui-ci n'y trouva pas
un seul mot à changer.

DUM LUDOVICUS XV
POPULI AMOR ET PARENS OPTIMUS
PUBLICÆ TRANQUILLITATIS ASSERTOR
GALLICI IMPERII FINIBUS
INNOCUE PROPAGATIS
PACE GERMANOS RUSSOSQUE
INTER ET OTTOMANOS
FELICITER CONCILIATA
GLORIOSE SIMUL ET PACIFICE
REGNABAT,
FONTEM HUNC CIVIUM UTILITATI
URBISQUE ORNAMENTO
CONSECRARUNT
PRÆFECTUS ET ÆDILES,
ANNO DOMINI
M. DCC. XXXIX.

Ce qui ſe peut rendre ainſi en notre langue :

Sous le glorieux & pacifique Regne
De LOUIS XV.
Tandis que ce Prince,
Le Père de ſes Peuples & l'objet de leur amour,
Aſſuroit le r pos de l'Europe,
Que ſans effuſion de ſang
Il étendoit les limites de ſon Empire,
Et que par ſon heureuſe médiation
Il procuroit la Paix
A l'Allemagne, à la Ruſſie
Et à la Porte Ottomane,
Les Prévôt des Marchands & Echevins
Conſacrèrent cette Fontaine
A l'utilité des Citoyens
Et à l'embelliſſement de la Ville,
l'An de Grace M. DCC. XXXIX.

Les Magiſtrats auxquels le public eſt redevable de ce ſuperbe édifice, ne ſont pas nommés dans cette inſcription ; mais je vous ai déjà fait remarquer qu'il y avoit au-devant du maſſif qui ſert de baſe au grouppe de figures

res dont je viens de vous entretenir, une autre Infcription. Cel-
le-ci, gravée en lettres d'or fur un
marbre noir, en forme de table
d'attente, au milieu de deux
confoles, d'où pend un feston de
fruits de marbre blanc, eft en
François ; & c'eft dans cette Infcription que vous trouverez les
noms de ces Magiftrats. Je vais
vous la tranfcrire. Vous y lirez
auffi le nom de monfieur Bouchardon, auteur de l'ouvrage :
la diftinction eft fingulière ; mais
vous conviendrez qu'elle eft bien
placée.

1 7 3 9.
DU REGNE DE LOUIS XV.
De la cinquième Prévôté de
Meffire Michel-Etienne Turgot.
G

Chevalier, Marquis de Soufmons;
&c., de l'Echevinage de Louis-
Henry Veron, Ecuyer, Conſeil-
ler du Roi & de la Ville; Edme-
Louis Meny, Ecuyer, Avocat au
Parlement, Conſeiller du Roi,
Notaire; Louis le Roi de Feteuil,
Ecuyer, Conſeiller du Roi, Quar-
tinier; Thomas Germain, Ecuyer,
Orfévre du Roi. Etans Antoine
Moriau, Ecuyer, Procureur &
Avocat du Roi & de la Ville;
Jean - Baptiſte - Julien Taitbout,
Greffier en Chef; Jacques Bou-
cot, Chevalier de l'Ordre du Roi,
Receveur :

Cette Fontaine a été conſtruite
ſur les Deſſeins d'Edme Bouchar-
don, Sculpteur du Roi, né à Chau-

*mont en Baffigny. Les Statues,
Bas-Reliefs & Ornemens ont été
exécutés par lui.*

Je dois vous décrire à préfent
les deux aîles de bâtiment qui
accompagnent l'avant-corps du
milieu. Toutes deux font unifor-
mes ; ainfi la defcription que je
vous ferai de l'une fervira pour
l'autre. Depuis le fol jufqu'au
deffus de l'Attique qui pofe fur
l'entablement , elles s'élèvent à
la hauteur de fept toifes , & en
général leur décoration eft de
même caractère & s'accorde très-
bien avec celle du corps du milieu. Le même ordre ruftique,
c'eft-à-dire la même fuite de refends règne dans la partie infé-

rieure jufqu'à la première plinthe, & n'eft interrompu que par
deux portes cochères de fujet-
tion ; l'une qui fert d'entrée au
monaftère des religieufes Récol-
lettes , l'autre qui conduit au
château d'eau ou réfervoir de la
fontaine. Ne craignez point que
ces deux portes nuifent à la compofition. Un habile homme fçait
profiter de tout ; il tire avantage
des chofes mêmes qui paroiffent
le plus contraires à fes deffeins.
La difpofition heureufe de ces
portes en fait ici un ornement,
qui femble néceffaire , & même
indifpenfable.

Quoique la décoration des
deux aîles prenne plus de ri-

cheffes dans la partie fupérieure, il n'y règne point cependant
d'ordre Ionique, comme dans
le corps du milieu. Monfieur
Bouchardon a cru qu'il valoit
mieux lier toutes les parties qui
entrent dans cette décoration,
au moyen de fimples avancés,
ou fi l'on veut, de Pilaftres dé-
nués de bafes & de chapîteaux;
ce qu'il a fait, fans doute pour
mettre plus de repos & d'harmonie dans fon ordonnance, & pour
l'étendre davantage; & en effet,
fi ces Pilaftres euffent été char-
gés d'un trop grand nombre de
petites moulures, les parties au-
roient paru trop coupées, & cer-
tainement il en feroit réfulté trop

G iij

de fécherefſe. Ces Pilaſtres ſont couronnés par un grand Entablement, & ils renferment des niches, une quarrée au-deſſus de chaque Porte, dans le fonds de laquelle ſont repréſentées en bas relief, dans un cartouche, les Armes de la Ville de Paris, & quatre autres niches ceintrées, deux de chaque côté, où ſont placées des figures de Génies.

. Vous avez vu, Monſieur, que les principales Figures qui ornent cette Fontaine concouroient à faire un Tableau de l'abondance qui règne en tout temps dans cette grande Ville ; & pour étendre la même idée, que pouvoit-on imaginer de mieux, que de repréfenter dans les Figures qui devoient occuper les niches, les Génies des Saifons? C'eft ainfi que les Anciens ont voulu exprimer le bonheur dont ils jouiffoient fous des Princes qui leur procuroient l'abondance; ils ont employé dans plufieurs de leurs Monumens, & fingulièrement fur les Médailles le Type des quatre Saifons, avec cette Infcription *Temporum Felicitas*.

L'on ne s'eft point écarté ici de cette ingénieufe allégorie. L'on a repréfenté le Printems fous la figure d'un jeune homme paré d'une guirlande de fleurs,

G iv

& qui aide à un Belier, le premier des Signes que le Soleil parcourt dans cette Saifon , à fe foutenir : Un autre jeune homme qui regarde fixement le Soleil , & qui tient un fefton d'épics, exprime l'Eté ; on voit à fes pieds le Cancer : Des balances & des raifins entre les mains du troifième Génie , qui défignent l'Automne ; parce que c'eft le temps des Vendanges ; & que l'équinoxe d'Automne arrive précifément au moment que le Soleil entre au Signe des Balances : Par une raifon toute femblable , la figure qui repréfente l'Hyver eft accompagnée du Capricorne ; c'eft la feule qui

soit couverte d'une drapperie,
sous laquelle elle semble se vouloir mettre à l'abri des rigueurs
du froid. Tous ces Génies ont
des aîles : ce sont celles du
Temps avec lesquelles se fait la
course rapide des Saisons, &
qui les entraîne dans le cercle
de leur révolution.

Les symboles qui animent ces
quatre figures, expliquent suffi-
samment les sujets qu'elles re-
présentent ; mais supposé qu'il
pût rester encore quelques dou-
tes, ils se dissiperont dès qu'on
jettera les yeux sur les quatre
bas-reliefs qui sont placés dans
des espaces quarrés-longs, au-
dessous de chaque niche. Dans

chacun de ces bas-reliefs on voit
des enfans qui s'occupent de
ce qui peut faire l'objet de leur
amufement dans les diverfes faifons. Les uns raffemblés dans
un jardin attachent aux arbres
des guirlandes de fleurs , & fe
couronnent de rofes ; d'autres
font la moiffon ; quelques - uns
jouent avec un jeune bouc avi-
de de manger des raifins ; & les
derniers fous une tente & près
du feu, cherchent à fe garantir
du froid de l'hyver.

Si l'on a rendu juftice à la variété & à la naïveté des attitudes
des génies, l'on n'a pas donné
moins de louanges à la richeffe
des compofitions de ces bas-re-

liefs ; le travail en a paru auffi
recherché & auffi fpirituel que
la matière pouvoit le comporter;
car ces bas-reliefs , ainfi que les
figures & toutes les autres fculp-
tures qui entrent dans la décoration des deux aîles de la fontaine , ne font qu'en pierre de
Tonnerre qui a le grain affez
fin , & qui eft fort blanche , mais
qui n'a pas , à beaucoup près ,
la fierté du marbre ; feule matière digne d'occuper un excellent cifeau. Quel dommage
qu'elle foit fi rare pour nous !

Ce que j'ai oui beaucoup pri-
fer par les véritables connoif-
feurs , & ce qui fait en effet que
l'œil , en confidérant ce bel édi-

fice, jouit d'un agréable repos,
c'eſt la juſteſſe & l'élégance des
poſitions , c'eſt le parfait rapport de toutes les parties les
unes avec les autres , c'eſt que
tout y prend la forme pyramida-
le , ſi recommandée, ſi bien miſe en pratique par le fameux
Michel-Ange. De quelque côté que vous tourniez , quelque
partie que vous embraſſiez , la
diſpoſition de tous les objets
vous deſſine toujours une pyra-
mide ; & cependant cet artifice
eſt voilé avec tant d'adreſſe ,
qu'il faut en être averti, ou être
plus qu'initié dans les arts, pour
l'appercevoir.

Permettez-moi d'ajouter encore une réflexion, que je n'ai pas faite feul. Je trouve que la grande richeffe de cet édifice vient de fon extrême fimplicité, & fi je ne me trompe, j'y vois éclater de toutes parts ce goût pur de l'antique, ce goût folide & fage que donne feule l'étude de la belle nature. Peut-être me laiffai-je emporter par trop de zèle. J'ofe cependant former ce préfage, qu'en tout temps, qu'en tous lieux, cet excellent goût prédominera; & que toutes les fois que des idées trop compofées & trop éloignées du vrai, voudront prendre le deffus, il les éclipfera. Que quelques modernes & mê-

me des fculpteurs de nom , fe
foient laiffés féduire par un brillant , que femblent jetter dans
la compofition certains tours
& certaines licences qui paroiffent empruntés de la peinture ; il n'en eft pas moins vrai ,
quand on rappelle les chofes à
leur véritable fin , que ce ne
foit une erreur. La peinture
& la fculpture font deux fœurs
qui ont le même objet d'imitation , & qui marchent vers le
même but ; mais leurs allures
font bien différentes. L'on a
blâmé avec raifon les peintres
qui ont traité leurs tableaux
dans le goût de la fculpture, on
leur a reproché la pefanteur , &

de n'avoir pas mis affez d'air
dans leurs ordonnances ; un
fculpteur qui fe propoferoit pour
modèle le *faire* d'un peintre livré à un génie fougueux, tom-
beroit-il dans un moindre défaut, & feroit-il plus excufa-
ble ?

Il ne me refte plus, Mon-
fieur, qu'à vous rendre compte
de ce qui s'eft paffé à la réception de ce grand & bel ouvrage
par la Ville. Monfieur le Pre-
vôt des Marchands & meffieurs
les Echevins ne fe font pas con-
tentés de témoigner à l'habile
homme qu'ils avoient employé,
leur extrême fatisfaction; ils ont
voulu confirmer par un aête fo-

lemnel les jugemens avantageux
du public, & ils y ont ajouté
une récompenfe digne affuré-
ment de la magnificence de la
première Ville du Royaume. Ils
fe font affemblés le onze février
dernier ; & par une délibération
particulière, ils ont accordé à
monfieur Bouchardon une penfion de quinze cens livres, mais
dans des termes fi flatteurs
& fi honorables pour cet excellent fculpteur, & fi propres en
même temps à donner de l'émulation aux artiftes qui courent
la même carrière, que je ne
puis m'empêcher de vous la
tranfcrire en entier. Je fens
que je l'affoiblirois, fi je l'a-
brégeois;

brégeois ; ou si j'y mettois du mien ; jugez-en.

Du vendredi 11 février 1746.

» C E jour , Nous Prévôt des
» Marchands & Echevins de la
» ville de Paris , affemblés au
» bureau de ladite ville, avec le
» Procureur du Roi & de la ville,
» pour les affaires d'icelle, ayant
» confidéré que les ouvrages de
» fculpture en marbre & en pier-
» re qui avoient été ordonnés
» par nos prédécefleurs, fuivant
» les marchés faits au bureau
» par acte des 6 mars & 23 dé-
» cembre 1739 , avec le fieur
» Edme Bouchardon , fculpteur
» ordinaire du Roi, pour la dé-

H

114

» coration de la fontaine conf-
» truite dans la rue de Grenelle,
» quartier faint Germain des
» Prez, étoient fi parfaitement
» achevés, & d'une fi grande
» beauté, que ce monument
» élevé à la gloire de Sa Majefté,
» feroit connoître, dans les
» temps les plus reculés, le
» goût de ce fiècle, & à quel
» point de perfection l'art de la
» fculpture a été porté par ledit
» fieur Bouchardon : qu'un ou-
» vrage auffi digne de l'admira-
» tion générale, méritoit égale-
» ment de cette ville capitale
» une marque de reconnoiffance
» envers le fieur Bouchardon,
» qui puiffe en même temps ex-

» citer l'émulation de tous ceux
» qui s'adonnent aux arts, &
» tranſmettre à la poſtérité un
» exemple des récompenſes que
» méritent leurs talens & leurs
» veilles, lorſqu'ils atteignent à
» un dégré de perfection capa-
» ble de faire honneur au goût
» & à la magnificence de ce
» grand Royaume. SURQUOI,
» la matière miſe en délibé-
» ration, avons, du conſen-
» tement du Procureur du Roi
» & de la Ville, accordé au
» ſieur Bouchardon ſculpteur
» ordinaire du Roi, une penſion
» viagère de quinze cens livres,
» à compter de ce jourd'hui,
» laquèlle lui ſera payée de ſix

» mois en six mois par Jacques
» Boucot, écuyer-conseiller du
» Roi, receveur des domaines,
» dons, octrois & fortifications
» de la Ville, en rapportant par
» lui ces présentes, pour la pre-
» mière fois seulement. F A I T
» au bureau de la Ville ledit jour
» onze Février mil sept cens qua-
» rante-six.

Signé, T A I T B O U T.

'Avouez, Monsieur, que je ne
pouvois mieux finir ma lettre
que par cette pièce. J'ose pré-
sumer que vous avez présente-
ment oublié tout mon tort,
& que vous continuerez d'être
persuadé de la sincérité des

fentimens pleins d'eftime ; avec lefquels j'ai toujours été, Mon-fieur,

        Votre très-humble &
        obéiffant ferviteur
        M**

A Paris, ce premier mars 1746.

I

LETTRE

*A M.***.*

J'AI vû, monsieur, la belle statue de l'Amour, que M. Bouchardon vient d'exécuter en marbre pour le Roi. L'idée avantageuse que je m'en étois faite sur des rapports confus, loin de diminuer à la vue de l'ouvrage, comme il arrive bien souvent, s'est trouvée tout d'un coup portée à un point d'admiration & de plaisir que je suis tenté de partager avec vous, puisque vous désespérez d'en pouvoir jamais jouir en entier, c'est-à-dire, par vos propres yeux.

119

L'objet de ce grand fculpteur a été de nous repréfenter l'Amour, qui déjà vainqueur des dieux, entr'autres de Mars & d'Hercule, s'eft emparé de leurs armes, & prétend changer la maffue de ce dernier en un arc formidable qui ne trouve plus de cœur à l'épreuve. Voilà, dira-t-on, bien des chofes exprimées à la fois ; & on fçait que la Sculpture a peut-être encore moins d'avantage que la peinture, pour nous faire imaginer plus d'un moment dans les actions qu'elles nous expofent ; mais vous allez juger de l'art & du génie avec lefquels l'auteur a vaincu cet obftacle.

I ij

La figure de l'Amour ; qui n'eſt plus un enfant jouant dans les bras de ſa mère , eſt de cinq pieds de proportion , & par conſéquent de la force & de l'âge qu'on donne à l'amant de Pſyché. Avec l'épée de Mars qui eſt à ſes pieds , entremêlée de copeaux , il a non - ſeulement dégroſſi l'ouvrage , mais formé plus des deux tiers de ſon arc , dont il commence à eſſayer le reſſort & l'élaſticité. Pour s'aſſurer d'un plein ſuccès , il ne lui reſte que le bout & le gros nœud de la maſſue à rabattre. Il étoit abſolument néceſſaire que cette dernière partie de l'opération ne fût pas achevée , pour

ne laisser aucun doute, tant sur
la matière qu'il emploie, que sur
l'usage qu'il en veut faire. Vous
concevez, monsieur, que pour
commencer à faire plier un arc
de cette grandeur & dont la partie inférieure est encore une mas-
se informe, il faut employer bien
de la force ; & comme c'est un
dieu qui travaille, il est indis-
pensable de lui conserver de la
noblesse : il allonge sa main gauche autant qu'il est possible à
une figure debout, en force, &
qui n'est par conséquent que mé-
diocrement inclinée ; & il ap-
puie l'extrémité de ce même arc
contre sa poitrine avec sa main
droite pour le faire courber. Ce

mouvement produit un balance-
ment de figure des plus nobles,
& d'autant plus heureux qu'il ne
paroît point recherché. Le fou-
tien néceffaire au plus grand
nombre des figures repréfentées
debout & dont l'art eft ordinairement très-mal caché, fe voit ici
également heureux & bien trouvé ; c'eft un tronc de laurier qui
repouffe quelques branches char-
gées de feuilles, & fur lequel la
peau du lion de Némée paroît
jettée au hafard ; elle grouppe à
merveilles avec le cafque & le
bouclier de Mars, appuyés contre ce même tronc. Les plumes
de ce cafque, qui font légères
& flottantes, font un contrafte

admirable avec le poil rude & la crinière du lion. Enfin les aîles de l'Amour, qui font grandes & fortes & d'un goût différent, ont exigé une autre forte de travail ; il eft fi fimple & fi naturel qu'on fe plaît à jouir de ces différentes oppofitions : elles ne font aucun tort, quelque riches qu'elles puiffent être, à la figure même : & ces acceffoires ne font plus qu'un bel épifode heureufe-ment placé dans un beau poë-me. On voit fur le terrein femé de fleurs la corde deftinée à tendre l'arc d'abord qu'il fera fini. Ainfi, comme je vous l'ai déjà obfervé, monfieur, nul doute fur le genre de l'opération, fur

la nature du travail , fur les motifs de l'entreprife , fur la manière
dont elle eft exécutée , & fur
l'effet que l'on doit s'en promet-
tre. Examinons à préfent la figure elle-même.

L'Amour eft nud , comme on
le repréfente ordinairement; l'air
de tête eft noble fans affectation,
le fourire eft délicat fans le moindre foupçon de grimace , & la
malignité de fon regard n'eft
point chargée ; elle annonce le
plein fuccès de fon opération ,
& fait penfer aux fuites qu'elle
doit avoir; fes cheveux , natu-
rellement annelés & renoués à
l'antique par un fimple ruban,
ont leurs maffes diftinctes & font

facilement travaillés ; le col eft parfaitement uni à la tête & aux épaulès ; le carquois eft noblement placé fur le dos ; & le cordon qui le tient fufpendu , ne cache ni n'interrompt le jeu d'aucune des parties qu'il recouvre ; les oreilles , les pieds , les mains. & les genouils font enfin d'un goût exquis. Voilà , monfieur, quelle eft la compofition de cette belle ftatue. A l'égard du travail, c'eft la chair même touchée fans aucune manière, laiffant voir toute l'expreffion de la peau & toute la juftefle des mufcles & des attachemens.

La néceffité d'exprimer la jeuneffe n'a pas été fans doute

une des moindres difficultés que
l'auteur ait rencontrées dans cet
ouvrage. Obligé de rendre cet
âge où la nature n'ayant pas encore pris toute fa croiffance,
s'établit fur des parties qu'elle
augmente & fortifie les premières, & qui doivent fe trouver
proportionnées dans l'âge viril,
il devoit encore conferver l'idée
de la beauté au milieu d'une mai-
greur ou plutôt d'un défaut d'em-
bonpoint néceffaire pour exprimer l'adolefcence ; il ne falloit
pas cependant oublier que l'on
repréfentoit un dieu, & quel
dieu encore ! Les proportions
de cet âge étoient difficiles à
trouver ; il falloit les faifir fur

différens modèles, qui dans ces circonſtances préſentent plus la charge qu'on doit éviter, que l'exemple à ſuivre : l'auteur ſe trouvoit privé de la reſſource ordinaire des belles proportions que l'antique nous fournit dans l'Hercule, dans l'Apollon, dans la Venus, dans l'Antinous, &c. Toutes ces figures ſont d'un âge formé, & par-là elles ne lui offroient aucuns ſecours pour les détails de celles dont je vous entretiens. Il ſe trouveroit donc des cas, me dites-vous, monſieur, où la connoiſſance & l'étude de l'antique deviendroient inutiles ? ce qui démentiroit ce que je vous ai dit ſi ſou-

vent de leur utilité. Non, monfieur, je ne me contredis point:
cette étude fervira toujours &
dans tous les cas, aux artiftes
qui voudront exceller : non-
feulement elle apprend à lire,
à faifir la nature & à la rendre
dans ce qu'elle a de plus grand,
mais elle met feule en état d'e-
xécuter tous les fujets. L'ouvrage qui fait le fujet de cette
lettre en eft une bonne preuve;
& fans m'engager dans une plus
grande difcuffion fur les chef-
d'œuvres de l'antiquité, je me
contenterai de vous obferver que
Puget, le Bernin, Michel An-
ge même, & quelques autres
modernes illuftres nous ont laiffé

de grands exemples pour l'expreſſion de la chair & de la peau;
& que M. Bouchardon, attentif
à recuellir le fruit de ces ex-
céllens modèles, ne s'eſt jamais
écarté de la route que nous ont
tracé les illuſtres modernes &
les anciens ſculpteurs Grecs, qui
ont conſulté principalement la
nature ; elle ſera toujours la maî-
treſſe commune de tous les
grands artiſtes paſſés , préſens
& à venir. C'eſt auſſi par cette
raiſon que l'auteur ne s'eſt point
aſſujetti aux proportions du jeune Olympe que l'antique nous
préſente, & qui ſont les mêmes
que celles de ſon Amour; il a exécuté ce qu'il a vu , & nous fait

fentir en même temps les médi-
tations qu'il a faites fur le grand
art de la fculpture.

Je fuis, monfieur, &c.

A Paris, le 31 mai 1750.